La montagne infernale

Olivier et Olivia

Tome 4

Catalogage avant publication de Bibliothèque et Archives nationales du Québec et Bibliothèque et Archives Canada

Gamache, Nathalie, 1972-

La montagne infernale

(Biblio-boom ; 19. Aventure)
Quatrième roman de la série Olivier et Olivia.
Pour les jeunes de 9 ans et plus.

ISBN 978-2-89595-659-4
I. Lacasse, Anouk, 1977- . II. Gamache, Nathalie, 1972- . Olivier et Olivia. III. Titre. IV. Collection: Biblio-boom ; 19. V. Collection: Biblio-boom. Aventure.

PS8613.A46M66 2012 jC843'.6 C2012-941013-6
PS9613.A46M66 2012

Auteure : Nathalie Gamache
Illustratrice : Anouk Lacasse
Graphisme : Julie Deschênes et Mika

Dépôt légal — Bibliothèque et Archives nationales du Québec, 3e trimestre 2012

ISBN 978-2-89595-659-4

Gouvernement du Québec — Programme de crédit d'impôt pour l'édition de livres — Gestion SODEC
Boomerang éditeur jeunesse remercie la SODEC pour l'aide accordée à son programme éditorial.

Nous reconnaissons l'aide financière du gouvernement du Canada par l'entremise du Fonds du livre du Canada (FLC) pour nos activités d'édition.

ASSOCIATION NATIONALE DES ÉDITEURS DE LIVRES

Imprimé au Canada

FSC www.fsc.org MIXTE Papier issu de sources responsables FSC® C011825

À mon petit homme,
maintenant devenu mon ange…

TABLE DES MATIÈRES

PRÉSENTATION

Olivia

Douze ans, trois mois, treize jours. Elle est le « bébé » de la famille. Un peu trouillarde, pas très débrouillarde, assez gaffeuse.

Mauvaises habitudes : se met toujours les pieds dans les plats et aime agacer son frère.

Olivier

Douze ans, trois mois, treize jours, dix minutes. Né quelques minutes avant sa sœur, il est l'aîné de la famille et en est bien fier.

Mauvaises habitudes : donne des ordres à sa sœur et l'appelle souvent « tête de linotte ».

CHAPITRE 1

Doux souvenirs

Même si leurs parents leur ont interdit d'y aller, ils sont résolus à explorer cet endroit mystérieux que tout le monde redoute.

Les jumeaux Olivier et Olivia se remémorent leurs magnifiques mais éprouvantes vacances chez leur cousine Élisa. Ils repensent au repaire secret, à la fabrication des colliers de roses, aux petites soirées entre cousins. Tout était presque parfait et il leur tarde déjà de voir arriver les prochaines vacances.

Ils ne peuvent s'empêcher de rire lorsqu'ils pensent au soi-disant fantôme qu'Olivia et Élisa croyaient avoir vu. Bien sûr, Olivier ne se gêne pas pour rappeler à sa sœur qu'elle a vraiment cru à ce fantôme. Vexée, celle-ci ne se prive pas de lui faire remarquer que ça n'amuse que lui.

* * *

Le frère et la sœur passent une merveilleuse soirée à la maison à reparler de leurs dernières vacances. Même s'ils ont eu vraiment peur à certains moments, ils ont beaucoup aimé ce séjour à la campagne en compagnie de leur cousine.

Olivia repense souvent à sa peur du faux fantôme, mais elle se garde bien de le dire à son frère, car elle en a assez qu'il la taquine à ce sujet.

* * *

Les jumeaux se préparent maintenant à se coucher. Chacun dans leur chambre, au même instant, ils se demandent quelle sera leur prochaine aventure. Toujours au même instant, ils se lèvent, sortent de leur chambre et marchent dans le couloir la tête baissée. La collision est inévitable... et douloureuse.

— Aïe ! hurle Olivia. Tu aurais pu regarder où tu allais !

— Même chose pour toi, tête de linotte ! rétorque Olivier.

— Mais que fais-tu ici ?

— Sûrement la même chose que toi !

Le frère et la sœur se regardent en souriant. Ils ont eu la même idée, comme cela leur arrive si souvent. Sans même se parler, ils savent tous les deux quel sera leur prochain objectif. Il s'agit d'un lieu dangereux où personne n'ose plus aller : la montagne infernale. Même si leurs parents leur ont interdit d'y aller, ils sont résolus à explorer cet endroit mystérieux que tout le monde redoute.

Ce qu'Olivier et Olivia aiment pardessus tout, ce sont les sensations fortes. Faire du vélo et jouer au ballon sont des activités bien plaisantes, mais l'adrénaline que leur procurent leurs aventures est incomparable !

CHAPITRE 2

L'aventure interdite

Les jumeaux partent à la hâte, cachant difficilement leur nervosité. Explorer une montagne infernale, il n'y a rien de plus excitant !

Samedi : petit matin frisquet, mais ensoleillé. Un bon petit déjeuner les aidera à tenir quelques heures. Les jumeaux sont presque prêts pour l'aventure du siècle. Il ne reste qu'à s'habiller et à remplir le sac à dos gris de tout ce qu'ils trouveront sur leur passage. Les objets qu'ils croyaient inutiles sont ceux qui leur ont le plus servi au cours de leurs aventures. Alors mieux vaut en prendre trop que pas assez.

Olivia emporte un miroir, deux lampes de poche, des pinces à cheveux, des mouchoirs, des pansements, des biscuits pour les petites fringales et tout ce qu'elle croit nécessaire... ou non.

— Voilà ! Tout est prêt ! annonce-t-elle à son frère.

— Parfait, tête de linotte. Tu n'as rien oublié ?

— Qu'en penses-tu, Monsieur Je-Sais-Tout ? Ai-je déjà oublié quelque chose ?

— Oui ! Ton intelligence !

— Tu ne peux vraiment pas t'empêcher de dire des stupidités, toi !

— Non. C'est ma marque de commerce.

— Grrr!

Après ces aimables paroles (!), ils descendent en vitesse au rez-de-chaussée. C'est aujourd'hui qu'ils partent à la découverte de la montagne infernale.

* * *

— Au revoir, maman !

— Mais où allez-vous encore, tous les deux ?

— On va faire une petite balade.

— Soyez prudents et ne revenez pas trop tard !

— Bien sûr, maman. Bien sûr !

Les jumeaux partent à la hâte, cachant difficilement leur nervosité. Explorer une montagne infernale, il n'y a rien de plus excitant !

* * *

Vélos enfourchés, sac au dos, c'est le départ. Voilà une journée qui s'annonce mouvementée, mais ça, le frère et la sœur ne le savent pas encore...

Ils roulent durant près de quarante minutes. À la porte de la forêt, au pied de la montagne infernale, ils se regardent nerveusement, mais leur envie est plus forte que tout. Ils laissent leurs bicyclettes près d'un arbre.

***

Cette montagne, aux dires de plusieurs, possède une âme diabolique. Un homme y a été retrouvé mort il y a quelques années, accroupi au pied d'un arbre, les yeux grands ouverts. Il n'avait aucune blessure apparente et semblait supplier le ciel de le laisser sain et sauf. Mais le ciel ne l'a pas entendu, malheureusement. Ces images hantent Olivier et Olivia, mais ils continuent tout de même leur route.

Ils commencent enfin leur ascension. L'escalade de la montagne leur donne du fil à retordre. Ils grimpent sans s'arrêter. Le sommet leur semble bien loin, mais ils réussissent finalement à l'atteindre.

Tout en haut, des dizaines de branches d'arbres jonchent une minuscule route. Olivia supplie son frère de rebrousser chemin. Épuisée par l'escalade, le front en sueur, les jambes engourdies, elle doute de pouvoir continuer. Mais Olivier est trop curieux, il ne peut s'arrêter. Sa sœur le suit par crainte de rester seule.

Ils empruntent un petit sentier qui rétrécit de plus en plus. Des débris de toutes sortes sont éparpillés sur le sol, comme si un ouragan était passé par là.

Même si la marche est pénible, loin d'eux l'idée de rebrousser chemin. Olivia, un peu remise de son ascension, commence à sentir l'énergie remonter en elle. Il n'est donc pas question pour ces deux jeunes aventuriers de laisser tomber leur quête !

— Qu'allons-nous faire, Olivier? demande Olivia qui s'inquiète de l'état de la forêt.

— Nous continuons, voyons. On en a vu d'autres! Ce ne sont pas de petites branches qui vont nous arrêter! Tu ne crois pas?

— Je sais bien. Mais la forêt s'assombrit et je commence à avoir un peu la frousse.

— Cesse de pleurnicher, tête de linotte.

— Grrr! Tu m'énerves, Monsieur Je-Sais-Tout!

Le parcours est de plus en plus difficile pour les deux adolescents.

Olivia fait un mouvement brusque et, par malheur, son pantalon reste prisonnier d'une branche. Croyant que quelqu'un ou quelque chose la retient, elle se met à hurler.

Elle tire de toutes ses forces et se retrouve avec seulement une moitié de pantalon. Rouge de gêne et de colère, elle se retourne et marche d'un pas décidé vers la route qui est censée la ramener à la maison. Son frère, qui semble trouver la situation plutôt amusante, l'empoigne par le bras droit.

— Que fais-tu ? lui lance-t-il.

— Je retourne à la maison. J'en ai assez.

— Trouillarde !

— Je ne suis pas une trouillarde, tu sauras.

— Oh que si !

— Moi une trouillarde ? Tu verras bien !

Se faire traiter de tête de linotte, ça peut aller, mais de trouillarde ? Ça, non. La jumelle revient sur ses pas, décidée.

— Allez, viens, Monsieur Je-Sais-Tout! Je vais te montrer que cette supposée montagne infernale est tout à fait inoffensive.

Le jumeau ricane intérieurement. Il savait très bien qu'il piquerait l'orgueil de sa sœur en la mettant au défi. Heureusement que son plan a marché, car il souhaitait vraiment qu'elle reste avec lui. Dans le fond, il n'avait pas envie d'explorer seul une montagne infernale.

***

Olivier et Olivia marchent depuis très longtemps. Couverts de sueur, ils se sentent de plus en plus épuisés et sont meurtris par les branches d'arbres qui ne cessent de leur égratigner les jambes et les bras. Mais ils continuent… par fierté.

***

Soudain, ils se retrouvent devant une pente fortement escarpée.

— Allons-y, lance le jumeau.

Olivia commence à regretter affreusement cette nouvelle aventure, mais elle s'abstient de tout commentaire. Elle avance tout près de la pente. Olivier passe le premier. Il se retourne et commence à descendre lentement, très lentement. Il enfonce ses doigts dans le sable mou et alterne les mouvements de ses pieds et de ses mains avec une parfaite coordination, comme s'il avait fait ça toute sa vie. Il affiche d'ailleurs un large sourire.

Alors qu'il lève les yeux vers sa sœur, encore en haut de la montagne, ses pieds glissent et il se met à descendre à une vitesse folle. Il essaie désespérément de s'agripper à la moindre pierre ou branche qu'il croise. Mais c'est peine perdue. Tandis qu'Olivia le regarde, affolée, il se cogne la tête contre une pierre, perd connaissance et s'immobilise enfin…

* * *

Olivia lance un cri d'horreur en voyant son frère inconscient, gisant au milieu de la pente. Sans réfléchir, elle descend comme une flèche à sa rencontre. Comme par magie, elle arrive sans encombre près de son jumeau.

CHAPITRE 3

Une violente chute

Un peu secoué par sa chute, et beaucoup par sa sœur, Olivier revient à lui en marmonnant quelque chose d'incompréhensible.

— Olivier ! Réponds-moi, je t'en supplie, hurle Olivia.

Mais le jumeau reste muet. Olivia aperçoit du sang sur une pierre tout près de son frère.

— Non ! crie-t-elle en agitant son frère dans tous les sens. Réveille-toi,

Olivier, ne me laisse pas seule ici, s'il te plaît !

Un peu secoué par sa chute, et beaucoup par sa sœur, Olivier revient à lui en marmonnant quelque chose d'incompréhensible.

— Hé ! Tu veux bien cesser de me secouer, tête de linotte ? Tu me donnes le tournis et j'ai mal à la tête !

— Olivier ! Tu m'as fait si peur !

— Ça va, ça va, sœurette. J'ai juste un peu mal au crâne.

Olivier se relève lentement en se frottant le cuir chevelu, un peu mouillé par quelques traces de sang.

— Je crois que je l'ai échappé belle.

— Ne refais plus jamais ça !

— Ne plus refaire quoi ? Chuter d'une pente accidentellement ou me blesser à la tête ? Oh pardon, tête de linotte. Je ne savais pas que je pouvais prévoir ce genre d'incident. La prochaine fois, j'apporterai ma boule de cristal. Ce sera plus sûr !

— Très, très drôle, Monsieur Je-Sais-Tout ! À ce que je vois, tu vas très bien, alors on repart. Allez.

Olivier essaie de se relever, mais il éprouve quelques difficultés. Il a la tête qui tourne un peu. Olivia lui tend la main pour l'aider, mais d'un geste brusque, il se remet sur ses pieds. Il ne veut surtout pas d'aide. Lui aussi a un orgueil très aiguisé.

— Donne-moi la lampe de poche, Olivia. Il commence à faire sombre, ici. Il y a tellement d'arbres !

Olivia s'exécute. Elle prend sa petite lampe de poche rose porte-bonheur et la donne à son frère. Elle en ressort une deuxième, bleue, beaucoup plus grosse, et l'allume. En voyant cette dernière, Olivier lui fait les yeux doux.

— Je peux avoir la bleue ?

— Je savais que tu allais me le demander. Je te connais par cœur ! Tiens, prends-la, macho.

Un sourire en coin, Olivier redonne avec empressement la lampe de poche rose à sa sœur, et regarde autour de lui, comme si quelqu'un pouvait l'avoir vu avec cet objet de filles entre les mains.

— Tu me fais rire, toi ! Tu sais très bien qu'il n'y a personne d'assez fou pour venir ici ! Mis à part nous, bien sûr !

CHAPITRE 4

Bruit étrange

Le même bruit retentit une seconde fois et semble provenir d'un endroit devant eux, vers l'éclaircie.

Après seulement quelques minutes, les jumeaux décident de prendre une pause. Assis au beau milieu de la montagne, ils examinent les environs et prennent un biscuit. Après cet entracte, ils se regardent et se relèvent en même temps.

— Tu es prête ?

— Oui, monsieur !

Ils commencent à descendre une petite pente, avec beaucoup de retenue cette fois-ci... Et surtout, ils ne regardent ni en haut, ni en bas. La concentration est de mise.

— Sois prudent, lance Olivia, sérieuse.

— Tu crois que je vais refaire la même cascade deux fois ? Oublie ça ! Je ne répète jamais mes acrobaties. C'est ça, un artiste, plaisante-t-il.

— Tu es vraiment idiot, tu sais.

— Je sais !

Tout doucement, leurs pieds et leurs mains glissent le long de la pente, en évitant le danger. Tels des professionnels, ils coordonnent leurs mouvements et arrivent finalement en bas sans incident.

— Félicitations, monsieur ! Vous avez surmonté l'insurmontable. Je vous donne deux morceaux de robot.

— Tu n'es pas obligée d'essayer d'être amusante, tu sais. Car tu ne l'es pas du tout. Tu me vois rigoler ?

— Moi, je rigole. C'est ce qui est important, pouffe Olivia.

Olivier tourne les talons et avance à la lueur de sa lampe de poche bleue, et Olivia, avec l'aide de la rose.

— Tu sais où nous devons aller ? demande la jumelle.

— Bien sûr ! Nous allons vers l'avant.

— J'ai bien vu. Mais ça mène où, vers l'avant ? En Chine ?

— Non, non. Seulement en Australie !

— Grrr.

— Cesse de poser des questions et suis-moi.

Olivia s'exécute, irritée encore une fois. Elle n'est pas du tout rassurée. Le sens de l'orientation de son frère n'est pas très au point, si elle se fie à leurs dernières aventures. Mais comme elle-même ne sait pas du tout où aller, ni où ils se trouvent, elle le suit sans dire un mot, non sans être effrayée. Au point où ils sont rendus, ils ne peuvent plus reculer.

* * *

Une éclaircie se dessine à l'horizon, quand tout à coup...

— Tu as entendu ce que j'ai entendu, Olivier ?

— Je ne suis pas encore sourd, tu sais.

Le même bruit retentit une seconde fois et semble provenir d'un endroit devant eux, vers l'éclaircie.

— Allez, viens, je veux savoir ce que c'est !

— Tu es fou ! Doublement fou ! J'ai peur, moi ! Ça ressemblait à une voix d'enfant !

— Mais c'est pour cette raison que je veux aller voir, tête de linotte !

— Moi, je ne veux pas. C'est peut-être une attrape !

— Une attrape de quoi, veux-tu bien me le dire ?

— Est-ce que je le sais, moi ? On a quand même entendu une voix !

— C'est peut-être seulement notre imagination ou le bruit du vent dans les branches.

— Hummmm. Tu as sûrement raison. Il ne peut pas y avoir d'enfant ici. C'est impossible. Continuons, alors.

À cet instant précis, la voix retentit de plus belle et crie sourdement au loin…

— Fuyez ! Fuyez !

— Olivier ! Qui est-ce ? demande sa sœur en tremblant.

— Crois-tu vraiment que je le sais ? Je t'ai déjà dit que j'ai oublié ma boule de cristal.

— Ce n'est pas le moment de faire le clown, chuchote Olivia, morte de peur.

— Je ne sais pas ce qui se passe. Nous devons aller voir si cette personne est prisonnière ou je ne sais quoi !

— Mais, mais ...

Convaincu que c'est la bonne chose à faire, le jeune garçon avance d'un pas décidé. Si une personne est retenue contre son gré, quelqu'un doit l'aider et il est prêt à le faire seul si sa sœur ne veut pas le suivre. Mais Olivia ne laissera pas son frère partir sans elle. Elle le suit, encore une fois.

CHAPITRE 5

Une âme mystérieuse

Olivier et Olivia regardent vers le ciel et ne voient rien du tout. Quand soudain, la voix les interpelle une autre fois.

La voix continue de leur crier de fuir. Mais les deux adolescents avancent tout de même vers ce son qui les effraie, mais qui les intrigue au plus haut point. Et si une personne était vraiment en danger?

La lueur au loin devient de plus en plus vive et la voix qui continue de les mettre en garde semble venir directement de cet endroit. Les jumeaux avancent de plus en plus vite, presque au pas de course. Ils doivent absolument savoir, voir, comprendre.

Après un long trajet, ils semblent enfin arrivés à l'endroit voulu. Mais en regardant autour d'eux, ils reconnaissent malheureusement très bien ce lieu maudit. Une énorme pierre et un arbre gigantesque orné d'une grosse crevasse. C'est exactement là que l'homme mort a été retrouvé il y a quelques années. Il n'y a pas de doute. Ils revoient tous les deux la une du journal qui avait tant fait parler les habitants du village.

— Non, Olivier ! Ce n'est pas possible que l'on soit ici ! Je veux repartir chez nous, pleure Olivia à chaudes larmes.

— Il est trop tard. Nous y sommes et nous y restons, lance son frère avec une intonation inhabituelle.

— Olivier ! Que dis-tu ? Ce n'est pas toi !

— Fuis ! Fuis ! dit la voix provenant de la bouche de son frère.

— Olivier, ne fais pas ça. Tu me fais peur !

La jumelle frappe son frère en plein visage avec une force quasi surhumaine.

Le jumeau revient immédiatement à lui, la joue brûlante.

— Hé ! Tu es folle ? Que s'est-il passé ? C'est comme si je n'étais plus dans mon corps !

— J'ai eu tellement peur ! Tu m'as dit de fuir, mais ce n'était pas ta voix ! C'était celle qu'on a entendue tout à l'heure !

— Je ne comprends rien. Que m'est-il arrivé ? Qui a pris possession de mon corps de cette façon ?

— C'est moi !

— Qui parle ? hurlent les jumeaux en même temps.

— Alexxxxx, répond une voix semblant venir tout droit des nuages.

Olivier et Olivia regardent vers le ciel et ne voient rien du tout. Quand soudain, la voix les interpelle une autre fois.

— Fuyez !

— Pourquoi ?

Ils attendent, terrifiés, que la voix leur explique pourquoi ils doivent s'en aller. Mais plus rien.

* * *

De longues et précieuses secondes s'écoulent et les jumeaux restent sur place.

— Fuyez !

Au même instant, un violent bruit sourd éclate tout près deux. Figés et apeurés, le frère et la sœur se regardent, puis, sans dire un mot, ils partent à la course. Des pas semblent les suivre, mais ils ne se retournent pas. Olivia, qui court moins vite que son frère, est retenue. Elle se met à hurler de toutes ses forces. Son frère se retourne et voit qu'elle est prisonnière. Mais prisonnière de quoi ?

***

Il revient près de sa sœur, qui se débat violemment au sol. Olivier a beau regarder autour de sa jumelle, il ne comprend pas ce qui la retient. Pourtant, son chemisier est bel et bien agrippé, mais par quoi ? Le garçon a beau tirer sa sœur par les deux bras, il ne parvient pas à la délivrer. Une chose invisible en veut à leurs vies. Le cœur d'Olivier bat à se rompre.

CHAPITRE 6

Un dernier adieu

À bout de forces, presque inconscients, et pris d'une énorme fatigue, les jumeaux s'avouent vaincus.

Les cris d'Olivia retentissent partout dans la forêt et ceux d'Olivier résonnent dans la tête de sa sœur.

— Aide-moi, Olivier ! Aide-moi ! supplie-t-elle, la mort dans l'âme.

— Olivia ! Non ! Lâchez-la ! Qui que vous soyez !

Mais c'est peine perdue. Olivia est prisonnière. Son frère ne veut pas et ne peut pas la laisser. Il tire sur elle, mais rien à faire. Il tombe sur le côté, se replace, tire de plus belle et s'égratigne le visage sur des branches. Sa sœur est retenue par une force invisible. Ils se regardent droit dans les yeux, affolés, meurtris, semblant se dire un dernier adieu, quand tout à coup, Olivia tombe à plat ventre sur le sol, défaite de l'emprise qui la retenait.

À bout de forces, presque inconscients, et pris d'une extrême fatigue, les jumeaux s'avouent vaincus.

***

Le temps semble s'être arrêté. Il n'y a presque plus de vent, mis à part une légère brise qui souffle sur eux. Tout est calme et paisible. La lueur vive réchauffe leurs visages. Ils sont si bien qu'ils n'ont plus envie de bouger. Cette sensation étrange, mais douce, les pousse à penser que le paradis les attend sûrement. Ils s'endorment alors paisiblement.

***

Plusieurs minutes se sont écoulées et les jumeaux se réveillent en même temps. Par miracle, ils se retrouvent à l'entrée de la forêt, au pied de la montagne.

— Mais que s'est-il passé, Olivier ? Comment avons-nous pu arriver jusqu'ici ?

— Je ne sais pas, Olivia. Je croyais vraiment que c'était fini ! Je t'aime, tu sais, même si je t'agace de temps à autre.

Olivia n'en revient pas des mots que son frère vient de prononcer. C'est la première fois qu'il les lui adresse.

Elle se rapproche de lui et le prend dans ses bras, alors que des larmes glissent sur ses joues. Toutefois, Olivier se dégage rapidement de l'étreinte de sa sœur. Il se dit qu'il a peut-être été trop loin et regrette un peu d'avoir dit ces paroles à haute voix, même s'il les pensait vraiment. Il ne faudrait surtout pas que sa sœur se serve de sa sensibilité lors d'une prochaine occasion !

Cependant, ce qui est dit est dit, et Olivia n'oubliera sûrement pas ces paroles, au grand déplaisir de son frère. Mais l'instant s'y prêtait trop bien et Olivier pensait vraiment ce qu'il a dit à sa sœur, même s'il aurait préféré se retenir.

* * *

Sans perdre une seconde de plus, les jumeaux se remettent en route et essaient de comprendre ce qui leur est arrivé : comment ont-ils pu se sortir de cet affreux cauchemar et surtout, qui les a aidés ?

* * *

En moins de deux, ils retrouvent leurs vélos, les enfourchent et pédalent à toute vitesse en direction de la maison. De temps à autre, ils jettent un coup d'œil derrière eux, vers cette montagne infernale.

CHAPITRE 7

Recherches intenses

Durant plus d'une heure, les jumeaux cherchent l'article tant espéré, et ils le trouvent enfin.

Jamais les jumeaux n'ont roulé aussi vite sur leurs vélos. Arrivés à la maison, ils montent aussitôt à l'étage pour essayer de camoufler leur état. Ils veulent à tout prix éviter que leurs parents leur posent des questions.

Mais comme leurs blessures sont assez évidentes, les jumeaux savent que ce ne sera pas facile.

Avant de descendre au premier étage, ils se réfugient tous les deux dans la chambre d'Olivia et discutent de l'étrange aventure qu'ils viennent de vivre.

— Comment t'es-tu sentie, Olivia, lorsque tu as été librérée ? Moi, une sensation bizarre m'a envahi. Je me sentais si bien ! J'avais l'impression de flotter sur un nuage.

— C'est étrange que tu me dises ça, Olivier. Je ressentais exactement la même chose. J'étais heureuse, même si je pensais bien mourir dans la montagne infernale quelques minutes plus tôt. Je ne sais pas ce qui s'est passé, mais moi aussi, je n'avais plus envie de bouger. Ce que je ressentais était magnifique. Étrange, mais magnifique.

* * *

Comme ils s'y attendaient, leurs parents les inondent de questions pendant le souper.

— Qu'avez-vous fait, encore ? demande leur mère.

— Vous êtes-vous battus ? renchérit leur père d'un ton ferme.

— Non, non, rigolent nerveusement les adolescents.

— Nous avons été dans la forêt derrière la maison et nous nous sommes égratignés, gracieuseté des épinettes, papa, lance Olivier d'un air peu assuré.

— Belle histoire, mon fils. Allez ! Mangez pendant que c'est encore chaud. Nous en discuterons plus tard. Mais je veux des explications. Vous êtes avisés, grogne leur père.

***

Le soir venu, les parents sortent faire un tour.

— Ouf ! On l'a échappé belle, Olivier ! Je n'ai pas envie de répondre à d'autres questions.

— Moi non plus. Ce qui compte à présent, c'est de découvrir qui ou quoi nous a aidés à nous échapper de la montagne infernale.

Dès leur dernière bouchée avalée, les jumeaux montent dans la chambre d'Olivia et s'installent à l'ordinateur de celle-ci pour commencer leurs recherches.

— Te souviens-tu du nom que la voix nous a soufflé dans la forêt ? demande Olivia.

— Oui, c'est Alex.

— Tu as raison. En quelle année l'homme de la montagne est-il décédé ? s'informe la jumelle.

— Hum ! Je ne me souviens plus. Mais où veux-tu en venir avec Alex et l'homme mort ? Je ne crois pas qu'il y ait un lien !

— Dis-moi quand même le nom de cet homme.

— Je crois qu'il s'appelait Simon. Simon Lachance. D'ailleurs, il ne portait pas très bien son nom, car il n'a pas eu vraiment de chance.

— Cesse de plaisanter, Olivier! Ce pauvre homme est mort, je te le rappelle!

— Je sais. Allez ! Essaie de retrouver l'article. Nous allons peut-être découvrir quelque chose sur ce mystérieux Alex !

***

Durant plus d'une heure, les jumeaux cherchent l'article tant espéré, et ils le trouvent enfin.

> Ce samedi, un homme du nom de Simon Lachance a été retrouvé mort au pied d'un arbre, dans la montagne infernale. Aucun indice n'a été relevé près du corps. L'enquête se poursuit.

— C'est tout ? lancent les jumeaux.

— Cherche autre chose, Olivia.

— Mais j'essaie, Monsieur Je-Sais-Tout !

Quelques minutes plus tard, Olivia trouve un autre article mentionnant ce Simon Lachance. Il avait jadis eu un enfant lourdement handicapé du nom d'Alex, avec qui il était parti en voyage. Ils avaient malheureusement été victimes d'un grave accident de la route, en tentant d'éviter un ours noir. Le petit Alex y avait laissé la vie.

— Ce jeune garçon atteint de paralysie cérébrale était très courageux et toute la communauté l'appréciait et l'admirait, apprend Olivia à la lecture de l'article. Il semblait toujours heureux, même si la vie était très difficile pour lui. On précise aussi que Simon adorait son fils. Depuis l'accident, le père vivait seul dans la montagne infernale, tant sa peine était grande. Et un jour, il a été retrouvé mort, près de cet arbre.

— Olivier ! C'est lui ! C'est sûrement Alex qui nous a sauvés !

Les yeux remplis de larmes, Olivier et Olivia ont une pensée de gratitude pour ce jeune garçon de dix ans parti trop tôt.

* * *

De retour de leur promenade, les parents ne posent finalement aucune autre question, trop habitués aux péripéties de leurs deux adolescents. Olivier et Olivia en sont très soulagés... Mais au coucher, ils ne peuvent s'empêcher de penser à Alex. Ils continueront leurs recherches le lendemain et trouveront sûrement d'autres articles encore plus intéressants !

***

Au réveil, la première chose que fait Olivier, c'est de se rendre dans la chambre de sa sœur qui est déjà devant son ordinateur.

— Il est à peine 7 heures. Depuis quand fais-tu des recherches ?

— Je ne sais pas. Dès que j'ai ouvert les yeux, je n'ai pu m'empêcher de commencer. Il devait être 5 h 30 ou 5 h 45.

— Tu aurais pu me le dire ! Moi aussi, je veux savoir tout ce qui s'est passé avec Alex et Simon.

— Mais je vais tout te montrer. Du calme ! Du calme ! Assieds-toi et regarde ce que j'ai découvert !

— Pourrais-tu changer de ton, s'il te plaît, tête de linotte ?

— C'était une blague, Monsieur Je-Sais-Tout !

— Allez ! Dis-moi vite ! s'impatiente Olivier.

— Ce Simon Lachance avait déjà tenté une première fois d'aller dans la montagne infernale. Il voulait à tout prix retrouver une plante, dite miraculeuse, qui aurait pu aider son fils, peut-être même le guérir. Malheureusement, l'article ne nomme pas cette plante. Mais c'est sûrement pour la trouver qu'il s'était rendu à cet endroit de la montagne. Il espérait sans doute soulager les enfants qui souffraient comme son fils.

— Ouf ! Tu vas loin dans tes explications, sœurette. Tu devrais devenir écrivaine, tu serais très efficace, je crois !

— Je crois vraiment que c'est ce que Simon Lachance voulait réaliser ! Guérir son fils et d'autres enfants vivant dans le même état qu'Alex.

— Pense ce que tu veux. Mais moi, je crois vraiment qu'il y a quelque chose de diabolique dans cette montagne, et pas seulement une plante miraculeuse.

— D'accord. Alors, je continue mes recherches.

— Non. NOUS continuons les recherches.

— Bien sûr, Olivier. Bien sûr.

Durant toute la fin de semaine, les jumeaux restent enfermés dans la maison, même si le temps est magnifique dehors. Ils ne savent toujours pas quoi penser de leur mésaventure dans la montagne infernale. Cette histoire de plante miraculeuse est peut-être vraie, mais cache-t-elle quelque chose de plus sombre?

Les heures passent et soudain Olivia crie à tue-tête.

— J'ai trouvé autre chose, regarde!

Olivier commence à lire et reste bouche bée.

> ...cet homme sans histoire a été retrouvé mort près d'un arbre il y a quelques années. Les autorités ont repris leur enquête après avoir reçu un appel de la part d'un inconnu...

— Tu vois, tête de linotte! Je savais que ta belle et douce histoire en cachait une autre.

— Très bien, Monsieur Je-Sais-Tout. Tu as peut-être raison, mais cet article ne nous apprend rien de plus.

— Continue de chercher, alors!

— C'est ce que je fais, petite tête, grogne Olivia.

Les recherches et la lecture se poursuivent encore et encore, jusqu'à ce que...

CHAPITRE 8

Trouvaille gigantesque

Il s'empare du clavier et tape à toute vitesse pour retrouver la page tant convoitée. Il y parvient rapidement.

La fin de semaine est passée à la vitesse de l'éclair. L'école recommence et les jumeaux ne peuvent s'empêcher de penser constamment au jeune Alex. Ils n'ont pas la permission de se servir de l'ordinateur durant la semaine, excepté pour faire leurs devoirs. Le samedi matin suivant, ils n'ont donc qu'une idée en tête : découvrir ce qui est vraiment arrivé à Simon Lachance.

À la mi-journée, leur vue commence à s'embrouiller tant leur lecture est intense. Olivia fait défiler les pages à une vitesse folle et soudain, Olivier l'arrête brusquement.

— Recule de quelques pages, Olivia.

— Tu as vu quelque chose d'intéressant ?

— Oui, reviens à la page où il y a une magnifique fleur bleue.

— Une fleur bleue ? Je ne l'ai pas vue, sourcille Olivia.

— Pousse-toi et laisse-moi la place, ordonne Olivier en empoignant la chaise de sa sœur.

Olivia se retrouve fesses premières sur le sol.

— Hé ! Calme-toi ! hurle la jumelle, froissée.

— Désolé, marmonne Olivier distraitement.

Il s'empare du clavier et tape à toute vitesse pour retrouver la page tant convoitée. Il y parvient rapidement.

— Lis ! Lis cette page !

Olivia commence sa lecture et reste abasourdie.

— Nous avons trouvé! s'exclame-t-elle.

— Hum ! J'AI trouvé, la corrige Olivier.

— Bien sûr, bien sûr ! marmonne Olivia.

Elle se met à lire à voix haute.

> Une plante d'une grande rareté a été découverte dans la montagne infernale, à l'intérieur d'un arbre gigantesque. Cette plante, vraisemblablement dotée de propriétés médicinales, pourrait un jour faire l'objet de recherches pour soigner les maladies de la moelle épinière.

— Je comprends, maintenant ! Ce pauvre papa voulait rapporter cette plante avec lui, mais probablement qu'en arrivant près de l'arbre, il ne l'a pas trouvée et il a été trop désespéré pour repartir. Il a dû se laisser mourir de chagrin.

— C'est peut-être ça, Olivia. Ou peut-être pas... Il lui est peut-être arrivé autre chose. Mais ça, on ne le saura sûrement jamais. Et l'autre jour, il y avait vraiment « quelque chose » qui te retenait dans la forêt. Tu as déjà oublié ?

— Oh que non ! Je n'oublierai jamais. Nous trouverons bien une explication pour ça plus tard. Mais pour l'instant, je veux découvrir quelle est cette plante. On pourrait essayer de la trouver... tous les deux ! Tu ne crois pas ?

— Tu veux retourner dans la montagne infernale ? Mais tu es complètement folle !

— Je sais ! Je dois avoir un petit lien de parenté avec toi, ricane Olivia.

* * *

Les jumeaux passent leur matinée du dimanche devant l'écran

d'ordinateur. Ils veulent en savoir encore plus sur cette fameuse plante à fleurs bleues. Mais la couleur, c'est le seul indice dont ils disposent.

Les recherches continuent intensément. Les heures passent jusqu'au moment où...

— Et voilà ! fait Olivia en relevant les épaules. Je crois que je tiens quelque chose !

— Fais voir ! Allez !

— Attends un peu. Tu ne me feras sûrement pas tomber encore une fois.

La sœur se lève tout doucement et recule sa chaise très lentement, ce qui met son frère hors de lui.

— Tu veux bien te pousser, tête de linotte ?

— Oui, oui ! dit Olivia en souriant.

Olivier commence la lecture à son tour.

Il y a quelques années, une plante mystérieuse a été découverte dans la montagne infernale. Remise à un médecin, elle a par la suite été acheminée dans un laboratoire scientifique gardé secret, où elle a fait l'objet de recherches poussées. Ces dernières ont donné des résultats concluants sur des souris dont la moelle épinière avait délibérément été sectionnée. Ces souris ont retrouvé l'usage de leurs pattes seulement quelques semaines après avoir reçu une injection préparée à l'aide de cette plante. Les chercheurs espèrent en découvrir plus pour aider les patients atteints de paralysie cérébrale. Malheureusement, il semble qu'aucune autre plante de cette espèce n'ait été retrouvée par la suite.

— Wow ! hurlent les jumeaux.

— Retournons à la montagne infernale pour retrouver cette plante ! Il n'en existait sûrement pas qu'une !

— Je suis partante à cent pour cent, approuve Olivia.

— Nous savons ce que nous allons faire le week-end prochain, petite sœur.

— Oh que oui !

CHAPITRE 9

Retour à la montagne infernale

Mais voilà qu'un bruit violent se fait entendre. Le même que l'autre jour. Les jumeaux tremblent de peur et s'emparent de la plante bien camouflée sous un tas de feuilles puis l'enfoncent dans le sac à dos.

Une autre longue semaine se termine enfin. Au petit matin, le samedi, les jumeaux préparent tout leur attirail pour leur nouvelle escapade à la montagne infernale.

Ils prennent soin de prendre avec eux une photo de la fameuse fleur bleue, trouvée dans un des articles qu'ils ont lus sur Internet.

— Bonne journée, maman !

— Les enfants ! Je peux savoir où vous allez, encore une fois ?

— Nous allons nous promener. Nous reviendrons tôt, lance Olivier, qui s'empresse de partir en entraînant sa sœur.

— Soyez prudents !

— Bien sûr ! lancent-ils en chœur.

Les jumeaux connaissent maintenant l'endroit exact où la plante a été retrouvée. La route semble moins longue que la dernière fois, mais la montagne et la forêt restent tout aussi effrayantes.

Ils allument leur lampe de poche respective dès que la forêt s'assombrit. Bien sûr, la bleue est pour Olivier et la rose, pour Olivia.

Ils marchent rapidement et arrivent enfin au but. Un frisson parcourt leur corps tout entier à la vue du gigantesque arbre. Ils avancent maintenant à pas de tortue, tant leur peur est immense. Mais ils pensent à Alex, celui qui les a sans doute sauvés, et cela leur donne le courage de continuer.

Arrivés près de l'arbre, ils scrutent les alentours à l'aide de leurs lampes de poche pour essayer de retrouver la plante à fleurs bleues. Les heures passent sans qu'ils trouvent quoi que ce soit qui y ressemble. Mais au moins, il ne leur arrive rien de mal. Ils se disent que le petit Alex veille sûrement sur eux.

— Olivier, il doit se faire tard. Nous devrions rentrer. Maman doit être inquiète !

— Ne t'en fais pas. Cette fois-ci, j'ai apporté ma montre et il n'est que 10 h 15.

— Seulement 10 h 15 ? D'accord. Alors, encore une heure et nous partons.

— Parfait. Remettons-nous au travail.

Les recherches se poursuivent et le temps file trop vite. Ils doivent malheureusement partir, mais...

— Olivier ! Olivier ! hurle Olivia.

— Non ! Ne me dis pas que tu as trouvé ?

— Je crois que oui ! Regarde par ici.

— Mais je ne vois rien !

— Ici, juste à mes pieds, sous ces feuilles !

— Olivia ! Tu l'as trouvée ? Sors vite la photo du sac. Nous devons les comparer pour voir si c'est vraiment cette plante.

— Ouiiiiiiiii ! C'est elle ! C'est elle ! hurlent-ils en même temps.

Mais voilà qu'un bruit violent se fait entendre. Le même que l'autre jour. Les jumeaux tremblent de peur et s'emparent de la plante bien camouflée sous un tas de feuilles puis l'enfoncent dans le sac à dos. La peur au ventre, Olivia tombe sur le sol. Et à ce moment, elle trouve des dizaines de plantes à fleurs bleues, toutes bien dissimulées. Elle les déracine aussi vite qu'elle le peut, rejoint son frère et les place aussi dans le sac à dos. Puis les deux jeunes se mettent à courir aussi rapidement qu'ils le peuvent.

Olivia tombe malencontreusement à sa suite. Le ciel s'assombrit à une vitesse folle.

— Relève-toi vite, allez ! hurle Olivier.

Il tire sa sœur par le bras et l'entraîne avec lui, laissant malheureusement tomber toutes les fleurs du sac, qui était resté entrouvert. Les jumeaux se penchent et se hâtent de remettre leurs trouvailles en lieu sûr. Mais les grondements sont si alarmants qu'Olivia abandonne et se met à courir aussi vite qu'elle le peut vers le chemin menant à la sortie de la montagne. Toutefois, Olivier continue d'amasser le plus de fleurs possible.

Lorsqu'Olivia se retourne vers son frère, celui-ci a disparu. Elle tourne sur elle-même, mais il n'est nulle part.

— Olivier ! Où es-tu ?

Aucune réponse. Elle revient sur ses pas et aperçoit son frère couché sur le sol.

— Non ! Olivier ! crie-t-elle.

Son jumeau ne bouge pas. Est-il inconscient ? Craignant le pire, elle s'approche doucement de lui.

— Regarde, sœurette ! lui crie-t-il soudain. J'en ai trouvé d'autres !

— Grrr... grogne Olivia. Je croyais que tu étais...

— Que j'étais quoi ? Mort ? Mais non, j'ai trouvé des tonnes de fleurs bleues ! Regarde !

— Je vois bien, mais nous devons partir vite avec celles que nous avons déjà cueillies. Nous reviendrons, ou quelqu'un d'autre viendra les chercher si elles sont vraiment

« magiques ». Nous savons maintenant qu'elles existent encore et qu'il y en a même beaucoup. À présent, nous devons partir avant que quelque chose arrive.

— Tu as raison. Allons-y.

— Ouf !

Ils réussissent à rejoindre l'entrée de la forêt et à descendre la montagne infernale en moins de deux.

Soulagés, ils rentrent vite à la maison examiner leur trésor et confirmer que c'est bien la plante qu'ils cherchaient.

CHAPITRE 10

Héros malgré eux

Quelques semaines plus tard, dans un grand journal, on raconte que deux jeunes adolescents ont fait une découverte capitale et que des études cliniques ont pu être reprises grâce à eux.

Arrivés dans la chambre d'Olivia, ils se précipitent sur l'ordinateur.

— C'est vraiment elle, Olivia ! Tu te rends compte ?

— Ouf! Je n'en crois pas mes yeux, Olivier. C'est bel et bien elle. Que devons-nous faire, maintenant?

— Premièrement, je crois que nous devons en parler à maman.

— Tu as raison. Mais nous allons nous faire gronder, je veux dire, « violemment gronder », pour être allés à la montagne infernale!

— Je sais, mais nous n'avons pas le choix. Il faut absolument que cette plante soit remise à des chercheurs pour qu'ils puissent continuer à l'étudier!

— Viens. Descendons.

Les jumeaux arrivent près de leur mère et lui montrent les plantes rapportées de la montagne infernale.

— Maman, regarde.

— Quelles jolies fleurs bleues! s'exclame-t-elle. Comment s'appellent-elles?

Olivia lui montre l'article du journal qu'elle a pris soin d'imprimer. Sa mère le lit rapidement et s'exclame:

— Vous n'êtes quand même pas allés à la montagne infernale, tous les deux ?

— Désolés, maman, mais regarde toutes les fleurs que nous avons rapportées !

— Je devrais vous punir sévèrement, encore une fois. Mais cette découverte... cette découverte... Vous allez m'aider à trouver à qui nous devons parler de cette magnifique fleur bleue, déclare finalement leur mère.

Elle s'arrête un moment, sidérée par ce qu'elle vient d'apprendre, puis elle reprend :

— Mais avant, donnez-moi plus d'informations. Avez-vous d'autres articles que celui-ci ?

— Bien sûr !

Rapidement, Olivia va récupérer le dossier qu'ils avaient constitué. Elle montre tous les articles à sa mère. Celle-ci est émerveillée. Ses yeux se remplissent de larmes tant cette découverte l'émeut. Elle n'arrive pas à y croire. Ses jumeaux ont-ils vraiment découvert un miracle ?

La mère des jumeaux se met immédiatement à la recherche du nom de l'institut où cette plante a commencé à être étudiée.

— Wow ! Maman, je ne savais pas que tu étais douée pour faire des recherches dans Internet toi aussi !

— Je vous ai vus si souvent le faire ! J'ai eu de bons professeurs, répond-elle en riant.

Les jumeaux se regardent et affichent un grand sourire. Ils sont très fiers d'eux.

Au bout de quelques minutes, leur mère réussit à trouver un numéro de téléphone. Elle appelle, mais malheureusement, il n'y a plus d'abonné à ce numéro. Les jumeaux sont vraiment déçus.

— Oh non ! s'exclame Olivia. Nous n'avons pas fait tout ça pour rien !

— Attends, chérie. Je continue les recherches. Je ne peux pas croire que cette fleur si précieuse soit tombée dans l'oubli ! C'est impossible. Laissez-moi quelques minutes.

Par bonheur, elle trouve le numéro d'un autre institut de recherche. Elle s'empresse de le composer. Un homme lui répond.

— Bonjour, monsieur ! J'aimerais vous parler d'une fleur bleue qui serait susceptible de soigner les gens blessés à la moelle épinière et atteints de paralysie cérébrale. Je sais qu'elle a déjà fait l'objet de tests.

L'homme ne répond rien.

— Vous êtes toujours là ? demande la mère des jumeaux.

— Oui, madame. Pardonnez-moi, mais nous avons cessé ces recherches, car cette fleur s'est révélée introuvable par la suite.

— Je crois que mes enfants l'ont retrouvée.

— Vous en êtes certaine ?

La mère d'Olivier et Olivia explique la découverte de ses enfants et décrit la fleur avec une grande exactitude.

L'homme semble sur ses gardes, ne sachant trop si cet appel est sérieux, mais son interlocutrice lui confirme qu'elle ne blague pas. L'homme lui demande donc son adresse exacte afin de venir rencontrer ses enfants.

Dès le lendemain à l'aube, des scientifiques arrivent à leur domicile pour recueillir ce joyau de la médecine.

Les jumeaux et leur mère sont impressionnés par tous ces gens vêtus de blanc et équipés de masques et de gants, et ils réalisent vraiment à cet instant toute la portée de leur trouvaille. Par la fenêtre, ils regardent le camion de l'institut disparaître sur la route. Un sentiment de fierté les envahit et ils poussent alors un soupir de soulagement.

* * *

Quelques semaines plus tard, dans un grand journal, on raconte que deux jeunes adolescents ont fait une découverte capitale et que des études cliniques ont pu être reprises grâce à eux.

Peut-être qu'un jour, des dizaines de petits Alex pourront courir grâce à cette magnifique découverte faite par deux jeunes héros.

En attendant les résultats, si des effets bénéfiques peuvent un jour être constatés sur des humains, Olivier et Olivia, toujours aussi modestes, reprennent leurs activités jusqu'à ce qu'une nouvelle aventure les appelle. Quelle sera-t-elle ?

GLOSSAIRE

Abasourdie : Stupéfaite, étonnée.

Abstenir (s') : Se retenir.

Acrobaties : Manœuvres ou mouvements difficiles.

Amorcées : Commencées.

Angoisse : Inquiétude profonde.

Attirail : Ensemble d'objets nécessaires pour un usage déterminé.

Authenticité : Caractère de ce qui est véritable, incontestable.

Brusquement : D'une manière soudaine.

Camoufler : Cacher.

Capitale: D'une très grande importance.

Concluant : Qui apporte une preuve.

Convoitée : Désirée ardemment.

Coordonné : Qui est en harmonie, qui est fait dans le bon ordre.

Crevasse : Fissure à la surface d'un mur, d'un sol.

Débris : Fragments d'une chose brisée.

Délibérément : Après avoir réfléchi, volontairement.

Dissimulées : Cachées.

Empoigner : Saisir et serrer avec la main.

Enjouée : Qui montre de la gaieté.

Éprouvantes : Pénibles à supporter.

Étreinte : Geste qui consiste à prendre quelqu'un dans ses bras.

Exactitude : Qualité d'une personne ou d'une chose exacte. Précision.

Frisquet : Légèrement froid.

Froissée : Offusquée, vexée.

Gesticuler : Faire beaucoup de gestes.

Gigantesque : Extrêmement grand.

Horizon : Ligne où le ciel et la terre semblent se rejoindre du point de vue d'un observateur.

Incompréhensible : Qu'on ne peut comprendre.

Infernale : Relative à l'enfer.

Inoffensive : Sans danger.

Intonation : Ton varié que l'on prend en parlant.

Jadis : Autrefois, dans le passé.

Joncher : Recouvrir le sol.

Joyau : Bijou ou objet fait de matière précieuse et d'une grande valeur.

Macho : Homme persuadé de sa supériorité sur les femmes.

Malédiction : Malheur, fatalité.

Miraculeuse : Qui tient du miracle.

Modeste : Qui parle de soi sans orgueil.

Moelle épinière : Partie du système nerveux central située dans la colonne vertébrale.

Ouragan : Tempête violente.

Paralysie cérébrale : Terme général désignant des troubles permanents du développement, du mouvement et de la posture.

Péripéties : Événements imprévus, rebondissements dans une action.

Rebrousser chemin : Revenir sur ses pas, aller dans le sens contraire.

Scientifique : Spécialiste des sciences.

Scruter : Examiner attentivement.

Trouillarde : Peureuse, craintive.

Violemment : Avec violence.

MÉLI-MÉLO AMUSANT

Réponds aux questions et amuse-toi bien !

Chapitre 1

1. De quoi rient sans cesse les jumeaux ?
a) Du chien de leur voisin
b) Du supposé fantôme
c) De leur cousine Élisa

2. Les jumeaux ont eu une idée.
Qui l'a eue en premier ?
a) Olivier
b) Olivia
c) Les deux en même temps

Chapitre 2

1. Qu'a placé Olivia dans le sac à dos gris ?
a) Un miroir, deux lampes de poche, des pinces à sourcils, des mouchoirs, trois pansements, des biscuits
b) Un miroir, deux lampes de poche, des pinces à cheveux, des mouchoirs, des pansements, des biscuits
c) Un miroir, deux lampes de poche, des pinces à cheveux, des bonbons, des biscuits

2. Combien de temps ont-ils roulé à vélo avant d'arriver à l'orée de la forêt ?
a) 30 minutes
b) 40 minutes
c) 50 minutes

Chapitre 3

1. Après la chute d'Olivier, où a-t-il mal ?
a) Au front
b) Au cou
c) Au crâne

2. Quelle est la couleur de la lampe de poche qu'Olivier veut avoir ?
a) Verte
b) Rose
c) Bleue

Chapitre 4

1. À quoi ressemble le bruit que les jumeaux ont entendu ?
a) Une voix d'enfant
b) Une branche qui craque
c) Un orignal

2. À la blague, Olivier dit à sa sœur qu'il a oublié quelque chose. De quoi s'agit-il ?
a) Sa gomme à mâcher
b) Sa boule de cristal
c) Son déguisement d'Halloween

Chapitre 5

1. Les jumeaux reconnaissent le lieu où ils sont, mais plus précisément deux choses. Quelles sont-elles ?
a) Une énorme pierre et un arbre gigantesque orné d'une énorme crevasse
b) Un ruisseau et un arbre gigantesque orné d'une grosse crevasse
c) Une énorme pierre et un ruisseau

2. Sur quelle partie du corps Olivia a-t-elle frappé son frère ?
a) Un bras
b) Une fesse
c) Le visage

Chapitre 6

1. Où les jumeaux se sont-ils réveillés ?
a) À l'entrée de la forêt, au pied de la montagne
b) Au pied de la forêt, à l'entrée de la montagne
c) Sur un banc de parc

2. Qu'a dit Olivier à Olivia pour qu'elle soit émue ?
a) Tu es jolie, ma petite sœur.
b) Je t'aime.
c) Le ciel est si beau aujourd'hui !

Chapitre 7

1. À l'aide de quel objet les jumeaux font-ils leurs recherches ?
a) Une encyclopédie
b) Une loupe
c) Un ordinateur

2. Comment se nomme le petit garçon de la forêt ?
a) Kevin
b) Alexis
c) Alex

Chapitre 8

1. Olivier a remarqué une fleur durant leurs recherches sur Internet. De quelle couleur est-elle ?
a) Violette
b) Bleue
c) Turquoise

2. Sur quels animaux les effets de la plante ont-ils été étudiés ?
a) Des hippopotames
b) Des hamsters
c) Des souris

Chapitre 9

1. Quel qualificatif ont-ils choisi pour la plante ?
a) Magique
b) Parfumée
c) Colorée

2. Quelle heure est-il sur la montre d'Olivier ?
a) 10 h 15
b) 10 h
c) 14 h 15

Chapitre 10

1. Les jumeaux ont-ils été punis par leur mère pour avoir été à la montagne infernale ?
a) Oui, très sévèrement
b) Oui, un tout petit peu
c) Non

2. De quoi sont vêtus les scientifiques pour recueillir la plante ?
a) D'un uniforme bleu
b) De vêtements blancs, de masques et de gants
c) D'un habit de pompier

Solutionnaire

Chapitre 1

1. b) Du supposé fantôme

2. c) Les deux en même temps

Chapitre 2

1. b) Un miroir, deux lampes de poche, des pinces à cheveux, des mouchoirs, des pansements, des biscuits

2. b) 40 minutes

Chapitre 3

1. c) Au crâne

2. c) Bleue

Chapitre 4

1. a) Une voix d'enfant

2. b) Sa boule de cristal

Chapitre 5

1. a) Une énorme pierre et un arbre gigantesque orné d'une grosse crevasse

2. c) Le visage

Chapitre 6

1. a) À l'entrée de la forêt, au pied de la montagne

2. b) Je t'aime.

Chapitre 7

1. c) Un ordinateur

2. c) Alex

Chapitre 8

1. b) Bleue

2. c) Des souris

Chapitre 9

1. a) Magique

2. a) 10 h 15

Chapitre 10

1. c) Non

2. b) De vêtements blancs, de masques et de gants

Série Olivier et Olivia

(série aventure)

Jumeaux en détresse .... tome 1
Danger à la maison hantée .... tome 2
Terreur à la campagne .... tome 3
La montagne infernale .... tome 4

Titres de la collection Biblio-BOOM

ISBN 9782895952329

ISBN 9782895952336

ISBN 9782895952824

ISBN 9782895952831

ISBN 9782895953180

ISBN 9782895953197

ISBN 9782895953739

ISBN 9782895953746

ISBN 9782895954095

ISBN 9782895954231

ISBN 9782895954248

ISBN 9782895954941

ISBN 9782895954958

ISBN 9782895954965

ISBN 9782895955856

ISBN 9782895955887

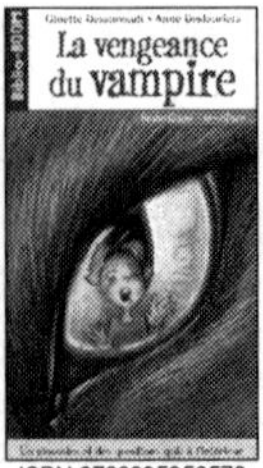

ISBN 9782895956570

ISBN 9782895956587

ISBN 9782895956594